ÉTUD_

L'ACQUITTEMENT DU PARRICIDE

Par L. SMYERS

NICE

IMPRIMERIE DES ALPES-MARITIMES

16, Rue Saint-François-de-Raule

1887.

ÉTUDE

L'ACQUITTEMENT DU PARRICIDE

Par L. SMYERS

NICE

IMPRIMERIE DES ALPES-MARITIMES

16, Rue Saint-François-de-Paule

—

1887.

L'ACQUITTEMENT DU PARRICIDE

Les anciens n'avaient pas inscrit ce crime dans leurs lois, parce qu'ils le croyaient impossible. Les Cenci qui, à Rome, furent jadis condamnés et exécutés pour avoir assassiné leur père, étaient-ils vraiment coupables ? Des écrivains contemporains ont tenté de prouver leur innocence.

Les causes qui ont été attribuées à leur exécution, ne sont pas susceptibles d'entrer dans notre cadre et nous les passerons sous silence. Toutefois, leur réhabilitation est devenue impossible, et la belle Béatrix Cenci nous parait, aussi bien que ses frères, devoir passer à la postérité comme parricide.

Il y a des gens, en assez grand nombre, qui vantent notre actuelle civilisation, nos libertés, nos prérogatives. Nous nous sommes bien des fois demandé, si le nombre des grands crimes qui augmente visiblement, peut s'expliquer par la civilisation ; il semble qu'il devrait diminuer. Loin de nous l'idée d'essayer de prouver que la civilisation est la cause de l'augmentation des grands crimes. Ils augmentent, cela est certain, et semblent suivre une progression qui laisse la raison dans un douloureux étonnement.

Le parricide surtout, le plus abominable des crimes, se repète si fréquemment qu'on se demande s'il ne serait pas temps d'étudier des lois nouvelles, pour mettre un frein à un pareil débordement.

Nous avons été péniblement surpris, plusieurs fois, de voir que le jury accordait des circonstances atténuantes à des parricides. Mais, ce qui a mis le comble à notre étonnement, c'est qu'il a été jusqu'à l'acquittement.

On comprend les circonstances atténuantes. Nous avons déjà traité cette question dans un petit opuscule. Beaucoup d'hommes honnêtes, ne se sentent pas le courage de condamner un de leurs semblables à la peine de mort. Mais l'acquittement se comprend-il ? peut-il se comprendre lorsque l'accusé a avoué ?

Le jury de Nancy a cru la chose possible, car il l'a comprise ainsi.

La question que nous abordons gagnerait certes à être traitée par un légiste, mais nous croyons que le simple bon sens a aussi ses droits, et puisque nous vivons sous une ère de liberté, nous prendrons celle d'examiner librement cette cause célèbre.

Pour que nos lecteurs sachent bien les faits, nous les emprunterons à l'acte d'accusation même. Nous mettrons d'abord cette pièce sous leurs yeux, en l'empruntant à l'*Impartial de l'Est,*de Nancy,qui l'a publiée dans son numéro du 10 février dernier.

Voici ce document.

« Le nommé Victor Colin décéda à Vacqueville, le 19 septembre 1886, à l'âge de 53 ans. On le trouva gisant dans sa maison, sur le sol de sa cuisine, la tête perforée de plusieurs balles et,à ses côtés,deux pistolets déchargés.»

« *Sa famille déclara qu'il s'était volontairement donné la mort.* Mais, dans le courant du mois de décembre dernier, une rumeur suspecte émut l'opinion publique, et bientôt le bruit courut que le nommé Victor Colin ne s'était pas suicidé, mais qu'il avait été mis à mort par sa femme, la nommée Marie-Barbe Humbert, veuve Colin, et son fils Charles. »

« L'enquête à laquelle il fut procédé, justifia cette accusation et révéla les faits suivants : »

« Le 19 septembre 1886, Charles Colin, âgé de 18 ans, partit en voiture, avec son père, dans les environs de Blâmont, pour acheter du grain. Pendant le trajet, Colin père s'arrêta à toutes les auberges et, à Gondrexon où il chargea sa marchandise, il acheva de s'enivrer, au point de se tromper de route, en revenant à Vacqueville. »

« Arrivé près de Domèvre, son fils ayant refusé d'entrer dans une auberge, il le brutalisa et lui porta, *au dire de celui-ci*, deux ou trois coups de manche de fouet, sur l'épaule, en proférant contre lui des menaces de mort.

« Colin fils prit alors la fuite et rentra à pied à Vacqueville où il fit part à sa mère des projets de son père, ajoutant : « *Je vais prendre le pistolet, et si mon père nous menace de la hache ou du couteau, comme il le fait souvent, alors tant pis pour lui !* » Sa mère lui répondit : « *Fais comme tu voudras.* » Prenant alors un pistolet, à deux coups, déposé dans la malle de son frère, *il coupa des morceaux de plomb, avec son couteau,* pour en faire des projectiles, *chargea son arme, en présence de sa mère, et, après avoir pris la précaution de se munir de capsules de rechange*, IL ATTENDIT LE RETOUR DE SON PÈRE. »

« Celci-ci, qui avait continué sa route après le départ de son fils, s'arrêta à l'auberge du sieur Villaume, à Montigny, où, en buvant, il proféra encore des menaces. Il rentra chez lui, vers le soir, *en état complet d'ivresse*. Dès qu'ils l'entendirent, les deux accusés s'empressèrent de se cacher, *le fils toujours armé de son pistolet*, dans une chambre obscure attenant à la cuisine, la mère sous un hangar contigu au corridor. »

« Pénétrant alors dans la cuisine et ne voyant personne, Colin père entra en colère, puis saisissant une hache qui se trouvait près du buffet, il alla dans la chambre voisine et en porta plusieurs coups *sur la malle de son fils, pour la fracturer.* »

« A ce bruit, l'accusé sortit de son réduit et s'approcha de son père, en lui demandant ce qu'il faisait. Celui-ci surpris par l'arrivée de son fils s'avança sur lui la hache levée. Devant cette attitude, l'accusé sortit son pistolet tout armé de sa poche, visa son père à la tête et fit feu à deux mètres de distance. Le coup l'atteignit et lui fit une blessure à l'œil droit. *Déposant alors sa hache*, Colin père se jeta

sur son fils et engagea avec lui une lutte corps
à corps, dans laquelle il fut terrassé sur le sol
de la cuisine. *L'accusé le maintient sous lui, à
genoux sur sa poitrine, puis, saisissant son
pistolet et le lui braquant sur la tête, il tira
un second coup qui rata.* »

« Sur ces entrefaites, la femme Colin arriva »

« *Sans perdre son sang-froid et sans lâcher
sa victime qui appelait au secours,* Colin fils
dit à sa mère d'aller lui chercher le revolver et
les cartouches placés dans sa malle. *Celle-ci
obéit, se munit d'une lumière et apporta le
revolver qu'elle essaya même de charger, mais
ne pouvant y parvenir, elle passa l'arme à
son fils et se baissa pour l'éclairer.* »

« *Celui-ci tenant de la main gauche son
père déjà terrassé sous ses genoux,* parvint, à
l'aide de la main droite, à glisser une cartouche
dans le revolver, puis, *appliquant le canon
sur la blessure de l'œil droit d'où le sang
s'échappait, il lui tira un troisième coup, à
bout portant.* Comme son malheureux père
râlait encore et se débattait sous ses étreintes,
*il envoya sa mère, une seconde fois, chercher
des capsules dans la malle de son frère ;* il
amorça de nouveau le second coup de pistolet
qui précédement avait raté, *introduisit le*

canon de l'arme dans la bouche de son père et, par une quatrième et dernière décharge, mit fin à sa longue et cruelle agonie. »

« La veuve Colin, courbée près de son fils et tenant une lampe à la main, assista impassible à cette horrible scène. »

« Après ce monstrueux attentat, accompli d'une façon si barbare, l'accusé lava ses mains souillées du sang de son père, disposa les armes à côte du cadavre pour faire croire à un suicide et, d'accord avec sa mère, il s'empressa de raconter à des voisins et d'aller déclarer à la mairie que son père venait de se suicider.

« Mais cette scène avait eu des témoins qui, depuis, ont révélé le crime. Les sieurs Treff et Grandblaise, entendant la première détonation, s'étaient approchés de la fenêtre de la cuisine, dont les volets n'étaient points fermés ; ils avaient vu l'accusé tuer son père, à coups de revolver, et la femme Colin aider son fils dans l'exécution de son crime. C'est sur la déclaration de ces témoins que Charles Colin et sa mère ont été mis en état d'arrestation. »

« Les accusés font des aveux complets; cependant Charles Colin prétend s'être trouvé en état de légitime défense, lorsqu'il a fait feu, la première fois, sur son père, ajoutant qu'il a tiré les autres coups sans réfléchir et que, *s'il eût eu le temps de la réflexion, il eût peut-être agi de même.* »

« Ce système de défense est combattu par le récit même de l'accusé, car il résulte de *ses aveux* et de ceux *de sa mère, qu'il avait l'intention formelle et bien arrêtée de donner la mort à son père.* Du reste, les longs préparatifs qui ont précédé le crime, l'acharnement féroce dont il a fait preuve sur sa victime *sans défense*, l'assistance volontaire et utile que lui a prêtée sa mère, démontrent que tous deux avaient froidement résolu leur crime.

« Les accusés n'ont pas d'antécédents judiciaires et les renseignements fournis sur leur compte sont favorables. »

« Colin père s'adonnait à la boisson et, lorsqu'il était en état d'ivresse, il exerçait de mauvais traitements sur sa femme et ses enfants. »

« Le 8 octobre 1879, il a été condamné à trois ans de prison par le tribunal de Lunéville pour coups volontaires, ayant entraîné une incapacité de travail de plus de vingt jours, sur la personne de sa femme. »

Donc, de cet acte d'accusation et des débats que nous avons lus, il résulte :

1° L'aveu des accusés,

2° L'incontestable préméditation.

Voici maintenant les deux questions qui ont été posées au jury :

1° Charles Valentin Colin, accusé présent, est-il coupable d'avoir, le 19 septembre 1886, à Vacqueville, volontairement donné la mort à Victor Colin, son père légitime ?

Réponse du jury : **Non ! ! !**

2° Marie Barbe Humbert, veuve de Victor Colin, accusée présente, est-elle coupable d'avoir, le 19 septembre 1886, à Vacqueville, avec connaissance, aidé ou assisté l'auteur du crime ci-dessus spécifié et qualifié, dans les faits qui l'ont préparé ou facilité, ou dans ceux qui l'ont consommé !

Réponse du jury : **Non ! ! !**

La raison reste confondue devant ce verdict.

Non, au point de vue criminaliste, car il nous importe peu que Colin et sa mère aient été acquittés. Nous ne serons jamais obligés à serrer leurs mains tachées d'un sang indélébile, et ils n'ont plus de comptes à régler qu'avec leur conscience, tant qu'ils vivront, et avec Dieu quand ils paraîtront devant lui.

C'est au point de vue moral, au point de vue de la raison et de l'effet produit par ce verdict que nous nous placerons d'abord.

Nous ne croyons pas pas trop affirmer en disant que cet acquittement est unique dans les fastes judiciaires.

S'il y avait eu doute, nous aurions compris le verdict mais il y avait aveu. Alors, que devient la loi ?

Nous aurions même compris un verdict accordant les circonstances atténuantes, mais l'acquittement est incompréhensible pour nous.

Constatons tout d'abord que le jury est plus fort que la loi à laquelle il doit son existence, et qu'il n'y a pas de recours possible contre sa décision.

Cela est-il normal, cela peut-il philosophiquement s'expliquer ? la raison peut-elle l'admettre ?

Le Président des Assises ne pouvait poser ni la question d'excuse ni celle de la provocation ou de la légitime défense, car il aurait créé un cas de nullité, vu que l'article 323 du Code Pénal dit : *Le parricide n'est jamais excusable.*

Or, nous le répétons, le jury est plus fort que la loi dont il n'est que l'émanation.

N'y a-t-il pas ici un contre sens cho-
quant, et cette simple démonstration ne de-
vrait-elle pas provoquer la révision d'une loi
qui n'en est, à vrai dire, pas une, puisqu'elle
peut devenir lettre morte.

Colin tue son père, celui à qui il doit l'existence ; il l'avoue, le fait est acquis, et le jury
déclare qu'il ne l'a pas tué !

C'est incompréhensible.

Que les lecteurs n'aillent pas croire que
nous regrettons que Colin et sa mère aient été
acquittés; cela nous est absolument indifférent.

Mais la loi pénale,pour pouvoir être efficace,
aurait dû prévoir le cas où un jury pourrait
trouver des raisons d'acquittement,sans qu'elle
soit atteinte dans sa lettre et dans son esprit,
dans son existence même.

Si le parricide *n'est jamais excusable*, peu
importent les circonstances dont il peut-être
entouré; il n'est excusable dans aucun cas.

On pourra nous répondre que le jury n'a pas
été consulté sur la question d'excuse ; mais il a
déclaré que Colin et sa mère *qui avaient
avoué*, n'avaient pas commis le crime.

Pour rentrer dans la raison, ne serait-il pas
utile de faire entrer dans la loi l'excuse possible dans certains cas de parricide ?

Cela ne voudrait pas dire l'acquittement, car en lisant l'article 324 du Code Pénal, on trouve que *le meurtre commis par l'époux sur l'épouse, ou par celle-ci sur son époux n'est pas excusable, si la vie de l'époux ou de l'épouse qui a commis le meurtre, n'a pas été mis en péril, dans le moment même, où le meurtre a eu lieu.*

Et le crime ici prévu, loin d'être le parricide, est puni, même étant déclaré excusable. Exemple :

L'article 326 dit : *Lorsque le fait d'excuse sera prouvé, s'il s'agit d'un crime emportant la peine de mort ou celle des travaux forcés à perpétuité ou celle de la déportation, la peine sera réduite d'un an à cinq ans. S'il s'agit de tout autre crime, elle sera réduite à un emprisonnement de six mois à deux ans. Dans ces deux premiers cas, les coupables pourront, de plus, etre mis par l'arrêt ou le jugement, sous la surveillance de la haute police, pendant cinq ans au moins, et dix ans au plus. S'il s'agit d'un délit, la peine sera réduite à un emprisonnement de six jours à six mois.*

Ainsi la loi punit l'*époux* ou l'*épouse* pour meurtre *excusable*, d'un an à cinq ans de prison et, en cas de délit, de six jours à six mois.

Mais dit-elle, le *Parricide n'est jamais excusable !*

La loi a compté sans le jury.

Un mari peut tuer sa femme, une femme peut tuer son mari, dans certains cas prévus qui sont *excusables*, quoique punis par un emprisonnement. Mais le parricide n'étant *jamais excusable*, le jury peut s'en tirer par l'acquittement, pour le plus épouvantable de tous les crimes.

Nous nous demandons si cela est conforme à la saine raison. Encore une fois, le jury est plus fort que la loi !

On pourrait, d'après ce verdict, soutenir la thèse qu'il peut être moins grave de tuer son père, avec préméditation, que de commettre un homicide, même par imprudence. Faisons ce rapprochement. Voici ce que dit l'article 319 du Code Pénal :

Quiconque par maladresse, imprudence, inattention, négligence ou inobservation des règlements, aura commis INVOLONTAIREMENT *un homicide, ou en aura involontairement été la cause, sera puni d'un emprisonnement de trois mois à deux ans, et d'une amende de cinquante francs à six cents francs.*

2

ART. 320. — *S'il n'est résulté du défaut d'adresse ou de précaution, que des blessures ou coups, l'emprisonnement sera de six jours à deux mois et l'amende sera de seize francs à cent francs.*

Ainsi l'emprisonnement et l'amende, pour les homicides et même pour les blessures par *imprudence*. Et, en supposant que Colin eût tué son père par imprudence, ce qui n'existe pas pour ce parricide, c'est l'acquittement, car imprudence ou non, il a tué son père.

Est-ce que cela ne choque pas la raison, et n'étions-nous pas dans le vrai, en disant qu'on reste confondu devant un pareil verdict?

Il semble évident que le jury a dû se dire que, le père Colin étant un mauvais drôle, il serait dommage de condamner son fils et sa femme. On ne trouve pas d'autres raisons pour expliquer ce verdict.

Il s'est ainsi constitué législateur, de juge qu'il devait être et rester, car *le parricide n'est jamais excusable*.

Mais, d'après ce verdict, il serait en quelque sorte *pardonnable*, en certains cas, dont le jury peut se faire le juge, puisqu'il est tout puissant.

Il y a là une lacune légale qu'il nous paraît important de combler; l'exemple est donné, et il est à craindre qu'il soit suivi.

Si Colin fils avait été condamné avec circonstances atténuantes, on lui aurait appliqué les travaux forcés à perpétuité ; mais le chef de l'Etat pouvait amoindrir sa peine, et certes, les solliciteurs, pour obtenir ce résultat, ne lui auraient pas fait défaut. Le principe, la loi étaient respectés et sauvegardés.

Nous reconnaissons que son père était une mauvaise nature qui, en état d'ivresse, et c'était paraît-il son état normal, était capable des actes les plus brutaux et les plus graves. Il avait été condamné à trois ans de prison, pour coups de couteau donnés à sa femme.

Mais, chose assez remarquable de la part de cette femme : elle avait mis en campagne des députés et sénateurs, pour obtenir la remise d'une partie de la peine, et elle avait réussi à faire libérer son mari au bout de deux ans.

Il se remit à boire et n'en fut que plus brutal.

Etait-ce une raison pour le tuer ?

Ce procès a présenté les phases les plus inouïes.

Ecoutons encore l'*Impartial de l'Est* :

« Un témoin, Joseph-François Treff, 51 ans, manœuvre à Vacqueville, — le 19 septembre au soir, apprit qu'un coup de revolver avait été tiré chez le sieur Colin; il rencontra, en sortant de l'écurie voisine de l'habitation, le sieur Grandblaise ; *ils se rendirent ensemble devant la croisée des Colin et entendirent râler le père ; ils ont vu Colin fils accroupi sur son père qui se débattait ; sa femme éclairait la scène à l'aide d'une lampe. M. le président demande pourquoi le témoin et les autres personnes qui étaient autour, n'ont pas cherché à porter secours à la victime.* »

« *Le témoin répond que tout le monde craignait Colin père.* Il y a environ quinze ans, le témoin était occupé à conduire les chevaux d'une machine à battre, pendant que Colin père et son fils, sur le grenier, étaient occupés à mettre les gerbes dans les meules. Celui-ci, âgé de 12 ans, en ayant apporté, alors qu'il en restait encore un peu, le père entra dans une violente colère, et courut vers son fils. Voyant que le blé ne tombait plus dans ses sacs, M. Treff arrêta ses chevaux et monta sur le grenier pour voir quelle en était la cause. Il vit alors le sieur Colin qui avait saisi son fils et le prenant par le fond de sa culotte, il le jeta, dit-il, comme un paquet, sur la machine à battre, en même temps qu'il criait aux chevaux : « Hue ! »

« Le témoin avait alors retiré vivement le fils Colin, sans quoi celui-ci eût été infaillible- ment broyé. »

Il suffisait de frapper à la fenêtre ou de faire du bruit, pour interrompre cette boucherie ignoble. Le témoin n'y a peut-être pas pensé ; *tout le monde craignait Colin père !!!*

Ne semble-t il pas, que c'était une satisfac- tion que de le voir assassiner par son fils ?

Voici une autre déposition non moins éton- nante :

« Charles Grandblaise, cultivateur à Vac- queville. — Un nommé Arthur Grandemange a vu Colin qui rentrait en complet état d'ébriété. Il confirme la déposition du premier témoin qui a rapport à la partie de la scène du crime à la- quelle il a assisté. »

« *Il a vu tirer le premier coup, le second a raté, et Colin fils a passé l'arme à sa mère qui lui en donna une autre, au bout de* **dix minutes.** Il a entendu la seconde détonation et a vu la femme Colin *passer une serviette à son fils, pour essuyer ses mains pleines de sang.* »

Voilà des témoins qui regardent à travers une croisée, pendant plus de dix minutes, une scène de carnage aussi hideuse que possible, et qui n'interviennent pas !!!

Tout est extraordinaire dans ce procès criminel !

Ecoutons encore une femme :

« Eugènie Antoine, 37 ans, femme Antoine, à Vacqueville, demeure en face de la maison Colin. Vers 7 heures, elle vit rentrer Colin qui commença à crier d'une voix menaçante, dans sa maison. Elle entendit du vacarme et, un instant après, la détonation d'une arme à feu et les cris de : Au secours !... Une demi heure après, Charles Colin vint chez elle *et lui déclara que son père venait de se suicider.* Le témoin, *quoique ayant assisté à la scène du crime, n'a rien dit,* et s'explique ainsi : « *on était content qu'il soit parti, parce qu'il était la terreur de ses voisins* ». Colin père a menacé plusieurs fois sa femme, avec un grand couteau : « Je t'ai manqué une fois, a-t-il dit, je ne te manquerai pas une autre fois. » En 1883, Colin courait le village, un jour, avec un couteau long, pour tuer son frère. Sa femme qui voulait le retenir, fut menacée de se voir ouvrir le ventre, avec cette arme. Il criait dans le village, en parlant de ses parents : Il faut que je les tue tous. » Un jour, il a jeté son fils aîné en bas de la grange et lui fit une blessure grave. Ce fils à dû se réfugier en Amérique, pour échapper à la violence de son père. »

Puis vient le maire, voici sa déposition.

« Jean-Baptiste Collin, maire de Vacqueville, dit qu'au premier moment, l'exclamation générale dans le village était *qu'il valait mieux que Colin fils eût tiré sur Colin père, que de laisser celui-ci tuer sa femme et ses enfants.* Le maire dit que le mari de l'accusée n'a jamais rien fait de bon. Il reconnaît avoir signé la demande de grâce, *formulée par la femme Colin,* dans le but d'obtenir une réduction de la peine que subissait son mari, pour l'avoir frappée de trois coups de couteau. M. le maire avait souvent averti la gendarmerie que Colin ferait quelque jour un mauvais coup. »

Ah ! Monsieur le maire, permettez-nous de ne pas être de l'avis de vos administrés.

Il était facile d'empêcher Colin père de continuer de commettre des actes de brutalité. Il suffisait, dès le début, de le signaler à la gendarmerie ou au parquet, et il est certain que la magistrature serait intervenue.

Quand un homme a déjà été condamné à trois ans de prison, pour des coups de couteau, de moindres coups le ramènent en prison.

Il était la terreur du village !

Eh ! mais, où sont donc en France les villages où un seul homme terrorise tout le monde ?

Nous croyons que cela ne se voit qu'à Vacqueville.

La femme Antoine a soulevé le voile, à l'audience. Elle dit qu'une demi heure après, Charles Colin vint chez elle, et lui déclara que *son père venait de se suicider ! !*

Le crime, à peine commis, on cherche à dérouter les recherches. Quel indice ! ! Quel calcul ! !

Si le jeune Colin était accouru à la gendarmerie, en disant : *Je viens de tuer mon père qui voulait nous assassiner tous, j'ai défendu la vie de ma mère, de mes sœurs, je me constitue prisonnier, et j'attends le jugement,*

On aurait pu dire : Mais cela peut être vrai, car Colin père a déjà été condamné à trois ans de prison pour des coups de couteau donnés à la mère de ce malheureux, et nous l'aurions plaint.

Mais, il dit : *Mon père vient de se suicider ! ! !*

Il cherche, de suite, à échapper au châtiment.

Cependant, Monsieur le maire, un jour, environ deux mois après, et les témoins, mus probablement par un sentiment tardif qui toutefois les honore, ne peuvent plus garder le terrible secret. Ils parlent pour soulager leur conscience ; la justice intervient, Colin et sa mère sont arrêtés, ils avouent, et, comme tout devait être étonnant dans ce procès :

Le jury déclare qu'ils n'ont tué personne ! !

Colin père s'enivrait souvent. Vous devez, Monsieur le Maire, connaître la loi sur l'ivresse. Cela commence par cinq francs d'amende et finit par quelques mois de prison. Nous avons connu, à Nice, un ivrogne incorrigible ; c'était un vendeur de journaux. Il fut tant de fois condamné pour ivresse publique, qu'il finit par mourir en prison, où il passait la majeure partie de son temps.

Si votre garde-champêtre, car il est supposable que vous en avez un, avait fait des procès verbaux à Colin père, chaque fois qu'il s'enivrait, il nous paraît certain qu'il ne serait pas au cimetière, et que la mère aurait évité de passer une serviette à son fils, pour enlever de ses mains le sang paternel qui les souille pour le restant de sa vie.

Stylez votre garde-champêtre, Monsieur le Maire, afin que, s'il y avait un jour d'autres Colin, il ne soit plus dit qu'à Vacqueville, la loi sur l'ivresse n'est pas applicable. Vous êtes le chef de la commune, et si vous savez commander, vous serez obéi.

Prenons encore quelques lignes dans l'*Impartial de l'Est* :

« Effrayé de l'attitude de son père, Charles Colin le quitta à Montigny et, passant à travers champs, il gagna Vacqueville, *afin d'avertir sa mère et ses frères et sœur qu'ils aient à ne pas se trouver à la maison, au moment de l'arrivée de Colin père.* »

« Colin fils, comme on la vu dans l'acte d'accusation, *prépara sa défense;* il reconnaît qu'il avait l'intention de résister énergiquement et de défendre sa mère ; il s'était muni de plusieurs projectiles, coupés dans un lingot de plomb, car, dit-il, « *je savais que s'il en revenait, nous étions perdus.* »

Eh! bien, il n'en est pas revenu !

Mais si, après avoir donné avis à sa famille que son père allait rentrer ivre, et qu'il était dangereux de rester à la maison, il avait fait sortir toute la famille, quelque voisin l'aurait certes accueillie, et le lendemain, Colin père ayant cuvé son vin, aurait été moins à craindre et on pouvait porter plainte contre lui.

La première pensée était la bonne, mais on a préféré couper des lingots de plomb, pour *résister énergiquement;* puis, — **il s'est suicidé!!!**

Ah! oui, il eut mieux valu que Colin fils se laissât tuer par son père que de le tuer lui-même. Sa mémoire aurait été honorée, et il serait bien avec celui qui a dit à Moïse d'enseigner ce précepte.

Tu honoreras ton père et ta mère.

Examinons ici si Colin père voulait réellement tuer son fils.

Tout d'abord, en s'en rapportant à l'acte d'accusation, on apprend qu'il rentre, qu'il se met en colère, et qu'il donne plusieurs coups de hache sur la malle de son fils pour la fracturer. Jusqu'alors évidemment, la vie de Colin fils n'est pas en danger et on ne peut pas soutenir qu'il ait, en ce moment défendu sa mère, puisque celle-ci s'était cachée, *le fils étant toujours armé de son pistolet.*

Puis le fils intervient, sortant de son réduit; il demande à son père ce qu'il faisait; le père s'avance vers lui la hache levée et, à deux mètres, le fils lui envoie un projectile à l'œil droit.

Le père **jette alors la hache**, se lance sur son fils, et une lutte corps à corps s'engage, lutte dans laquelle le père ivre, blessé et perdant son sang, devait fatalement succomber.

Où sont les blessures du fils Colin? On n'en a constaté aucune. Où est donc le danger qu'ils ont pu courir pour leur vie? Où est l'homme qui, ayant blessé son père, peut-être mortellement, le voyant tout saignant, ne se serait jeté à son cou pour lui dire : « Pardon ! mon père, Grand Dieu qu'ai-je fait, car vous êtes mon père ? »

Non ! C'est alors que commence cette boucherie de dix minutes, de changements et de chargements d'armes, le tout éclairé par la mère qui tient la lampe, et, quand l'acte le plus monstrueux est accompli, on essuie ses mains sanglantes ; la mère présente la serviette et le fils court chez les voisins, pour leur dire : *Mon père s'est suicidé.*

Nous n'avons pas à examiner dans quel état se trouve la conscience du fils Colin, mais nous nous en faisons une idée.

On pourra nous objecter que nous faisons du sentiment. Nous ne nous en défendrons pas. La morale sociale ne repose que sur le sentiment.

Ce n'est d'ailleurs qu'au point de vue d'un grand danger social, que nous examinons cette affaire, et tout homme qui raisonne, croira avec nous, qu'il est indispensable qu'une modification soit introduite dans la loi pénale, puisqu'elle a édicté que le parricide ne serait jamais excusable.

On pourrait même soutenir que la famille Colin n'a pas été suffisamment protégée contre son chef, et que c'est l'insuffisance de protection qui a amené la terrible fin de celui-ci.

La loi interdit les furieux, sur la demande de leurs familles. Elle pourvoit les prodigues d'un conseil judiciaire. Pourquoi ne ferait-on pas une loi qui garantirait les familles contre les actes brutaux répétés de leur chef?

Mais il serait surtout nécessaire que la loi fut faite en vue d'empêcher un jury de déclarer qu'un crime n'a pas été commis, lorsque ce crime est avoué et incontestablement prouvé par témoins, car cela choque la conscience publique et la raison.

Il est certain qu'en l'état actuel de la législation, le jury est tout puissant, et, dans le cas qui nous occupe, nous croyons qu'il est trop puissant, parce que son verdict est contraire à la vérité prouvée, et qu'il foule aux pieds l'article 323 du Code Pénal.

Supposons qu'il soit possible que la Cour de Cassation se réunisse d'initiative toutes chambres réunies, et qu'elle déclare nul le verdict d'un jury comme violant la loi. Quelle est la puissance qui pourrait contrebalancer sa décision ?

On pourra nous dire que cela n'est pas prévu par la loi ; mais c'est précisément dans les cas non prévus, que les décisions de la Cour de Cassation, chambres réunies, acquièrent force de loi.

Un tel résultat ne gênerait en rien la veuve

et le fils Colin, car le verdict du jury leur reste définitivement acquis.

Que de réflexions suggère cette scène de Vacqueville. Voit-on toute la population d'une commune sanctionner, par une sorte de joie, l'acte le plus affreux ? Que penser de cette conscience publique manifestant un soulagement, en apprenant la mort d'un homme tué par son fils !

Cet homme était un ignoble sujet, lorsqu'il était ivre, nous le reconnaissons volontiers ; mais de tous ceux qui se sentaient heureux d'en voir la commune débarrassée, aucun n'avait averti l'autorité pour appeler son attention sur ce père dénaturé, car nous sommes persuadé qu'elle serait intervenue.

Les témoins mêmes du crime, n'interviennent pas, tout en le voyant commettre. Il fallait que la terreur inspirée par Colin père fut bien grande, ou qu'ils aient bien peu de sens moral.

Regarder une pareille scène, pendant plus de dix minutes sans manifester leur présence par des cris ou tout autre bruit, est un acte vraiment inexplicable. Nos lecteurs le jugeront selon leur raison.

Mais, ce qui restera toujours à notre avis un

résultat profondément déplorable, c'est que dans un pays civilisé, dans le pays d'Europe le plus civilisé, on ait pu voir acquitter par le jury un parricide avoué.

Tout le monde n'a pas la même manière de voir sur le fait qui nous occupe. Un homme d'un grand bon sens, instruit, écrivain émérite, nous a soutenu que la conscience d'un juré était au dessus de la loi.

Nous savons fort bien, que nul ne peut fouiller les consciences, tout en croyant qu'il n'est rien qui soit ou puisse être au dessus de la loi. Mais il importerait, même en admettant ce principe, qu'on fit la loi de façon à ce que les décisions de ceux qui sont appelés à se prononcer sur la culpabilité des accusés, ne puissent pas l'infirmer dans sa lettre comme dans son esprit.

Nous connaissons un homme fort intelligent, qui poussait la *bonté* beaucoup plus loin. Il proclamait l'irresponsabilité humaine dans tous les crimes. Il soutenait qu'un criminel quelconque est une sorte de fou, qu'on a le devoir de séparer de la société, mais qu'on n'a pas le droit de condamner. Si un tel système était un jour admis, il faudrait des moyens

inconnus jusqu'alors, pour garantir son existence contre ces *déments* dont le nombre ne
ferait que s'accroître ; cela saute aux yeux. Il
n'y aurait plus de coupables, mais des fous.
Nous nous demandons où serait le bénéfice, au
point de vue de la morale et de la sécurité
publiques.

Nous pensons toutefois, et cette pensée est
consolante, que Colin père était fou, quand il
était ivre, et que les siens auraient trouvé
protection contre ses actes brutaux, s'ils
avaient suffisamment réclamé cette protection
qui leur était due.

Son fils et sa femme étaient-ils fous???

Ce qui reste certain, c'est que le jury est tout
puissant ; qu'il peut répondre *non*, malgré les
aveux et la constatation par témoins et que ces
cas, nombreux de notre temps, étonnent tous
ceux qui pensent et raisonnent, et renversent
les idées les plus nettes.

La loi criminelle devrait être une chose fixe,
immuable, contre laquelle rien ne saurait pré-
valoir.

Le for intérieur est sans doute au dessus de
tout contrôle, mais encore conviendrait-il que
la loi fut faite de façon à ne pas lui permettre
de la détruire, ou de l'annihiler.

La conscience peut envisager les faits sous différents point de vue.

Elle est développée par l'éducation, l'instruction, l'expérience, mais tout cela peut, parait-il, être combattu, vaincu même, par une sensibilité mal comprise, or le sentiment semble devoir être exclu pour prendre des décisions judiciaires de cette importance.

Si la conscience ne doit compte de rien, la raison l'oblige cependant à ne prendre que des décisions conformes à la loi écrite. S'il est constaté qu'elle peut s'écarter de cette ligne qui nous parait obligatoire, il nous paraît alors nécessaire, dans l'intérêt social, de modifier la loi.

Nous appelons l'attention des hommes compétents sur ce fait qui reste acquis à l'histoire judiciaire. C'est une page ineffaçable, et si notre voix sans force et sans autorité, trouvait de l'écho parmi ceux que leur situation autorise à demander les réformes légales que nous croyons nécessaires, nous croirions avoir été utile.

www.ingramcontent.com/pod-product-compliance
Lightning Source LLC
Chambersburg PA
CBHW070722210326
41520CB00016B/4419